ORDONNANCE DU ROI,

Pour régler l'établissement des Recrues des Troupes françoises, le prix des Engagemens, la forme desdits Engagemens, & celle des Congés.

Du 1.er Février 1763.

DE PAR LE ROI.

SA MAJESTÉ ayant reconnu que la constitution solide qu'Elle veut donner à ses Troupes, dépend du premier choix des hommes qui entrent dans la composition desdites Troupes, & voulant expliquer ses intentions à cet égard, Elle a ordonné & ordonne ce qui suit :

ARTICLE PREMIER.

IL sera établi trente-un régimens de Recrue d'un bataillon, dans chacune des provinces ou généralités de Picardie, de Champagne, de Rouen, de Caen, d'Alençon, de Moulins, d'Auvergne, de Flandre & Artois, de Montauban, d'Auch, de Bordeaux, de Poitiers, de

Établissement de trente-deux régimens de recrue.

A

Lyonnois, de la Rochelle, de Tours, du Dauphiné, de Paris, de Soiſſons, de Limoges, d'Orléans, de Bretagne, du pays Meſſin, de Bourges, du Haynaut, d'Alſace, du Rouſſillon, du duché de Bourgogne, de Languedoc, du comté de Bourgogne, de la Provence & de la Lorraine, & un régiment de deux bataillons de la ville de Paris.

I I.

Noms & rang deſdits régimens.

CES régimens de recrue ſeront déſignés dans les revûes des Commiſſaires des guerres, ſous les noms des principales villes des provinces ou généralités, & marcheront entr'eux ſuivant le rang dans lequel ils ſont inſcrits ci-après; ſavoir, régimens d'Abbeville, de Châlons, de Rouen, de Caen, d'Alençon, de Moulins, de Riom, de Lille, de Montauban, d'Auch, de Bordeaux, de Poitiers, de Lyon, de la Rochelle, de Tours, de Grenoble, de Sens, de Soiſſons, de Limoges, de Blois, de Rennes, de Metz, de Bourges, de Valenciennes, de Straſbourg, de Perpignan, de Dijon, de Toulouſe, de Beſançon, d'Aix, de Nancy, & de la ville de Paris.

Rang des Officiers deſdits régimens.

A l'égard des Officiers deſdits régimens, ils prendront rang entr'eux ſuivant la date de leurs commiſſions, lettres ou brevets, dans quelque Corps qu'ils aient ſervi.

I I I.

Compoſition des régimens.

CHAQUE régiment de recrue ſera compoſé de huit compagnies.

I V.

Compoſition des compagnies, en temps de paix.

CHAQUE compagnie ſera commandée, en temps de paix, par un Capitaine & un Lieutenant; & compoſée de deux Sergens, quatre Caporaux, quatre Appointés & un Tambour, & d'un nombre égal d'hommes, proportionnément à celui dont Sa Majeſté aura ordonné chaque année la levée dans chaque département; leſquels étant exercés, dans des quartiers particuliers, au maniement des armes, & accoûtumés à la diſcipline militaire, ſe trouveront en état de remplacer les hommes qui viendront à manquer, par mort ou autrement, dans les régimens d'Infanterie, de Cavalerie, de Dragons, de Troupes-légères, & dans les brigades d'Artillerie.

V.

EN temps de guerre, chaque compagnie fera commandée par un Capitaine, un Lieutenant & un Sous-lieutenant; & compofée de quatre Sergens, d'un Fourrier, de huit Caporaux, de huit Appointés, un Tambour, & d'autant d'hommes que les circonftances le requerront.

Compofition des compagnies, en temps de guerre.

V I.

CHAQUE compagnie fera divifée en quatre efcouades, lefquelles feront compofées chacune d'un Caporal, d'un Appointé, & de plus ou moins de Soldats de recrue, fuivant la force des compagnies: Chaque efcouade ne formera qu'une feule chambrée, lorfqu'elle n'excédera pas le nombre de douze hommes; elle formera deux chambrées depuis treize hommes jufqu'à vingt-quatre, & ainfi en proportion, en obfervant de placer un Caporal ou un Appointé, ou même un Sergent, autant qu'il fera poffible, à la tête de chaque chambrée; & quand toutes les recrues d'un régiment en auront été retirées & qu'il n'y reftera plus que les Sergens, les Caporaux & les Appointés, ceux de chaque compagnie fe réuniront pour ne former qu'une feule chambrée.

Divifion defdites compagnies par efcouades.

La première & la troifième efcouade de chaque compagnie formeront une divifion que l'on nommera la première Section de chaque compagnie; la feconde & la quatrième efcouade formeront une autre divifion que l'on appellera la feconde Section; le premier Sergent fera attaché à la première fection, & le fecond Sergent à la feconde.

En temps de guerre, chaque compagnie fera divifée en huit efcouades.

VII.

Composition de l'État-major des régimens.

L'ÉTAT-MAJOR de chacun de ces régimens de recrue, sera composé d'un Commandant, d'un Aide-major qui aura rang de Capitaine, d'un Sous-aide-major qui aura rang de Lieutenant, & d'un Chirurgien.

VIII.

Choix actuel des Officiers.

LES Commandans, les Capitaines, les Aides-major, les Sous-aides-major & les Lieutenans, seront choisis parmi tous les Lieutenans-colonels, Commandans, Majors & autres Officiers qui viennent d'être réformés à l'occasion de la paix.

IX.

Choix actuel des Bas-officiers.

LES places de Sergent, de Caporal, d'Appointés & de Tambours, seront données aux Sergens, Caporaux, Anspessades & Tambours des régimens d'Infanterie réformés, des Grenadiers-royaux & des bataillons de Milice, & aux Sergens, Caporaux & Tambours retirés aux Invalides, qui seront les plus sages, les plus intelligens, & qui auront tous les talens nécessaires pour instruire & dresser de nouveaux Soldats.

X.

Choix des Officiers & Bas-officiers pour l'avenir.

SA MAJESTÉ se réserve de pourvoir aux emplois & places d'Officiers & de Bas-officiers qui viendront à vaquer.

XI.

Avancement desdits Officiers.

LES Officiers employés dans lesdits régimens de recrue, participeront aux mêmes graces que ceux de l'Infanterie, sur le compte qui sera rendu de leurs talens, & de leur application.

XII.

Appointemens & solde.

CHAQUE compagnie sera payée sur le pied,

SAVOIR;

S A V O I R,

	APPOINTEMENS ET SOLDE EN TOUT TEMPS.				
	Par jour.			Par mois.		Par an.
A chaque Capitaine, trois livres par jour, ci...	3^l	$\prime\prime^s$	$\prime\prime^d$	90^l	$\prime\prime^s$	1080^l
A chaque Lieutenant, une livre cinq sols	1.	5.	$\prime\prime$	37.	10	450.
A chaque Sous-lieutenant, une livre	1.	$\prime\prime$	$\prime\prime$	30.	$\prime\prime$	360.
A chaque Sergent, onze sols quatre deniers. . .	$\prime\prime$	11.	4	17.	$\prime\prime$	204.
A chaque Fourrier, neuf sols.	$\prime\prime$	9.	$\prime\prime$	13.	10	162.
A chaque Caporal, sept sols huit deniers . . .	$\prime\prime$	7.	8	11.	10	138.
A chaque Appointé, six sols huit deniers . . .	$\prime\prime$	6.	8	10.	$\prime\prime$	120.
A chaque homme de recrue, cinq sols huit den.	$\prime\prime$	5.	8	8.	10	102.
Au Tambour, sept sols huit deniers.	$\prime\prime$	7.	8	11.	10	138.

É T A T - M A J O R.

	Par jour.			Par mois.		Par an.
Au Commandant de chaque régiment, cinq livres, ci	5.	$\prime\prime$	$\prime\prime$	150.	$\prime\prime$	1800.
A l'Aide-major, trois livres	3.	$\prime\prime$	$\prime\prime$	90.	$\prime\prime$	1080.
Au Sous-aide-major, une livre cinq sols . . .	1.	5.	$\prime\prime$	37.	10	450.
Au Chirurgien, seize sols huit deniers. . . .	$\prime\prime$	16.	8	25.	$\prime\prime$	300.

X I I I.

ENTEND Sa Majesté que les Officiers qui seront employés dans les régimens de recrue, & qui auroient obtenu des pensions de réforme, cessent d'en jouir du jour qu'ils recevront leurs appointemens. *Suppression des pensions de réforme.*

X I V.

AU moyen de la solde ci-dessus réglée aux Tambours, ils seront tenus d'entretenir leur caisse de peaux & de cordages, & de se fournir de baguettes. *Tambours obligés d'entretenir leur caisse.*

X V.

LES appointemens & solde ci-dessus réglés, seront payés aux Officiers, Sergens, Caporaux, Appointés & Tambours, à commencer du jour de leur arrivée dans le quartier de chaque régiment, & les hommes de recrue seront payés à commencer du jour de leur engagement. Veut à cet effet Sa Majesté que le Commissaire des *Époque du payement desdits régimens.*

guerres qui aura la police de chaque régiment, emploie dans ses revûes lesdits Officiers, Bas-officiers & hommes de recrue, chacun pour le temps qui lui sera dû de ses appointemens & solde.

X V I.

Linge & chaussure.

IL sera retenu sur la solde de chaque Sergent, seize deniers par jour, & huit deniers sur celle de chaque Caporal, Appointé, Soldat & Tambour, pour être employés à les fournir de linge & de chaussure.

X V I I.

Masse de l'habillement, en temps de paix.

LA Masse de l'habillement des régimens de recrue, commencera à avoir lieu du jour de l'établissement de chacun d'eux, qui sera constaté par le procès-verbal du Commissaire des guerres qui y sera présent, sur le pied par jour de deux sols pour chaque Sergent & Tambour, & d'un sol pour chaque Caporal, Appointé & Soldat; & payée en temps de paix sur le pied de deux Sergens, quatre Caporaux, quatre Appointés, soixante-un Soldats & un Tambour.

X V I I I.

Masse de l'habillement, en temps de guerre.

EN temps de guerre, la Masse sera payée sur le pied de quatre Sergens, d'un Fourrier, de huit Caporaux, de huit Appointés, & d'autant d'hommes qu'il y en aura dans chaque compagnie, ladite Masse devant être augmentée en tout temps en proportion du nombre des hommes qui se trouveront au delà de soixante-un, fixés par l'article précédent.

X I X.

Habillement & menues réparations.

AU moyen de la Masse de l'habillement, dont Sa Majesté se réserve l'administration, Elle donnera ses ordres pour faire habiller, équiper & armer lesdits régimens, & Elle fera pourvoir aux réparations de l'équipement & de l'habillement, sur les mémoires qui seront envoyés de leur situation, par les Commissaires, au Secrétaire d'État ayant le département de la guerre.

X X.

Armement & réparations.

LES armes dont lesdits régimens auront besoin, leur

feront fournies des arſenaux de Sa Majeſté, & les réparations en feront ordonnées comme celles de l'habillement.

XXI.

L'HABIT uniforme des Officiers, ſera de drap blanc, *Uniforme.*
ainſi que la veſte, la culotte, les paremens, & la doublure
ſera de ſerge de même couleur ; le collet de l'habit ſera
auſſi blanc, d'un pouce & non rabattu, les revers de drap
aurore, la poche ordinaire garnie de trois boutons, autant
ſur la manche, quatre petits boutons au revers, & quatre
gros au deſſous, les boutons blancs & plats marqués de
deux lettres *R. P.* & le chapeau bordé d'argent.

L'habit & la veſte des Sergens, Caporaux & Appointés
feront de drap blanc, doublé de ſerge de même couleur,
& la culotte de tricot, doublée de toile ; les Sergens auront
un galon d'argent de la largeur d'un pouce ſur la manche,
les Caporaux un double galon de laine aurore de la
largeur de dix lignes, & les Appointés un ſimple galon
de même couleur.

L'habit des hommes de recrue ſera de tiretaine blanche,
la veſte de drap blanc doublée de ſerge, & la culotte
de tricot doublée de toile.

Les Tambours auront la petite livrée de Sa Majeſté,
avec un ſeul galon ſur la manche.

Le chapeau des Bas-officiers, Tambours & hommes
de recrue, ſera bordé d'un galon de laine ou fil blanc.

Le Commandant du régiment portera une épaulette
de chaque côté en argent, ornée de frange riche, à nœuds
de cordelières.

Les Capitaines & l'Aide-major porteront une épaulette
en argent, ornée de frange ſeulement, ſans graine d'é-
pinars ou nœuds de cordelières.

Le Lieutenant & le Sous-aide-major porteront ſ'épaulette à fond d'argent, loſangée de ſoie jaune, & la frange
ſera mêlée d'argent & de ſoie.

Le Sous-lieutenant portera l'épaulette à fond de ſoie
blanche, avec des carreaux d'or.

XXII.

Intendans des Provinces chargés supérieurement de la levée desdits régimens.

LE Lieutenant général de Police de la ville de Paris, pour ce qui concerne le régiment de recrue de ladite ville, & les Intendans des provinces ordonneront de tout ce qui sera relatif à la levée des hommes de recrue; ils en rendront compte, tous les deux mois, au Secrétaire d'État ayant le département de la guerre; ils arrêteront toutes les dépenses qui seront faites à raison de l'enrôlement desdits hommes de recrue, & décideront toutes les difficultés & contestations qui pourroient s'élever sur le fait des enrôlemens, & sur l'argent que les enrôlés se plaindroient de n'avoir pas reçû.

XXIII.

Dépôt particulier des recrues.

LESDITS Intendans formeront, dans leurs départemens, des arrondissemens pour l'enrôlement des hommes de recrue, & établiront un dépôt particulier dans le chef-lieu de chaque arrondissement.

XXIV.

Quartiers des régimens de recrue.

LE quartier de chaque régiment de recrue, sera établi dans un château, ville fermée ou autre lieu, le plus à portée qu'il sera possible de la résidence de l'Intendant, qui placera ce régiment dans des casernes, ou dans des maisons vuides où il puisse être caserné.

XXV.

Préposés pour les recrues.

IL y aura, dans chaque ville, bourg & village dépendant de chaque généralité, un ou plusieurs Préposés à l'enrôlement des hommes de recrue, & un Préposé principal dans le chef-lieu de chaque arrondissement: ces Préposés seront pourvûs, par l'Intendant, d'une commission à cet effet, & seront tous gens connus, bien famés, intelligens & solvables; ils seront choisis, autant qu'il sera possible, parmi les Officiers & Bas-officiers retirés des Troupes de Sa Majesté, ayant un état constant dans le canton où ils devront recruter.

XXVI.

Obligations des Préposés.

LES Préposés aux recrues se conformeront aux dispositions de la présente ordonnance, pour l'exécution de

laquelle

laquelle ils fe concerteront avec les Officiers municipaux des villes de leur réfidence, & avec le Prépofé principal, lequel procurera aux Prépofés tout ce qui dépendra de lui pour faciliter leur travail.

XXVII.

Aucun Prépofé ne pourra fe difpenfer d'engager lui-même les hommes de recrue qui fe préfenteront, ou ceux que tout particulier, fans commiffion de recruter, lui amènera.

Engageront eux-mêmes.

XXVIII.

Le Prépofé principal, dans chaque canton, tiendra un regiftre des frais & avances que les Prépofés auront faits pour l'engagement des hommes de recrue, & en rendra compte à l'Intendant, afin qu'il puiffe allouer ces dépenfes lorfque lefdits hommes auront été reçûs au bataillon.

Tiendront un regiftre des frais.

XXIX.

Lesdits Prépofés n'emploieront ni féduction, ni violence, ni fupercherie pour déterminer les fujets à s'engager; Sa Majefté voulant qu'il ne foit admis que des gens de bonne volonté, de l'âge de dix-fept ans accomplis jufqu'à quarante pendant la paix, & de l'âge de dix-huit ans jufqu'à quarante-cinq pendant la guerre; de la taille de cinq pieds un pouce au moins en temps de guerre, & de cinq pieds deux pouces en temps de paix. Permettant néanmoins Sa Majefté qu'au moment de la guerre, lefdits Prépofés puiffent enrôler des hommes de quarante-huit ans, qui ayant déjà fervi, feront encore en état de reprendre le fervice; & des Soldats qui après avoir obtenu des places à l'Hôtel des Invalides, auront la force & les qualités néceffaires pour continuer de fervir, & feront porteurs d'une permiffion par écrit du Gouverneur dudit Hôtel.

Age & taille des hommes de recrue.

XXX.

Les Prépofés recevront de préférence les artifans de certaines profeffions, tels que les Fourbiffeurs, Charpentiers, Selliers, Éperonniers & Maréchaux, ayant l'âge & la taille prefcrites; examineront avec grand foin tous les hommes qui

Choix des hommes de recrue.

auront déjà servi, & refuseront ceux qui leur paroîtront suspects, poursuivis ou flétris par la Justice, & indignes de la profession des armes. Ils n'engageront point les habitans des isles de Ré & d'Oleron, les hommes classés dans la Marine ou assujétis au service de la Garde-côte, ni ceux qui ayant déjà servi, ne seront point porteurs de congés absolus en bonne forme, ni enfin ceux qui sont nés dans l'État d'Avignon & le Comtat Venaissin, sans avoir une permission par écrit du Vice-légat.

X X X I.

Terme des engagemens.

LE temps du service des hommes de recrue, sera de huit années, pendant lesquelles ils ne pourront s'absenter, sans congé, de la troupe dont ils seront, à peine d'être poursuivis & punis comme déserteurs; Voulant Sa Majesté qu'à l'expiration desdites huit années de service, il leur soit expédié des congés absolus, en temps de guerre comme en temps de paix; Sa Majesté déclarant que ceux desdits hommes de recrue qui seront parvenus à des places de Sergens, de Caporaux & d'Appointés, ne seront point pour cela obligés de servir au-delà de huit années de leur engagement, lesquelles seront comptées du jour de leur enrôlement.

X X X I I.

Forme des engagemens.

LES engagemens seront faits sur des imprimés conformes au modèle joint à la présente ordonnance, qui seront envoyés aux Préposés, & où l'homme enrôlé mettra sa signature.

Le sujet qui ne saura pas écrire fera sa marque en présence de deux témoins, qui signeront comme tels l'engagement, qui sera fait pour huit ans, au bas duquel seront le signalement & les renseignemens sur la profession de l'homme engagé, & sur l'argent qu'il aura reçû.

X X X I I I.

Vérification des noms & signalemens.

AUSSI-TÔT qu'un homme sera enrôlé, le Préposé vérifiera les noms & renseignemens qu'il aura donnés, ou les adressera à l'Intendant, qui en fera faire la vérification;

& celui des enrôlés qui sera reconnu pour avoir déguisé son nom & le lieu de sa naissance, sera condamné aux galères. Les Préposés en préviendront tous les sujets qui se présenteront pour s'enrôler.

XXXIV.

UN sujet enrôlé par un Préposé, ne pourra être réclamé par un autre Préposé, auquel il se seroit adressé précédemment, sans avoir fait son engagement avec lui.

Concurrence des Préposés pour les engagemens.

XXXV.

AUCUN engagement ne pourra être annullé que par l'Intendant, qui en rendra compte au Secrétaire d'État ayant le département de la guerre; & si les Préposés faisoient quelque accommodement sans l'aveu de l'Intendant, l'accommodement sera réputé nul, & les Préposés punis, pour s'être rendus coupables d'une telle manœuvre.

Validité des engagemens.

XXXVI.

SI quelques pères de famille, qui se seroient enrôlés, se repentoient de s'être engagés, ils pourront présenter, pour servir à leur place, un homme de taille & de force convenables au service, de l'engagement duquel ils feront les frais.

Substitution en faveur des pères de famille.

XXXVII.

LE prix de l'engagement de chaque homme ne pourra excéder la somme de trente livres, dont il lui sera d'abord payé un tiers, sur lequel il lui sera fourni des souliers, s'il en a besoin; le second tiers de l'engagement sera payé au quartier du régiment de recrue; & les dix livres restantes, à son arrivée au régiment auquel il aura été destiné : lesquels payemens ne pourront être anticipés, ni différés, sous quelque prétexte que ce soit.

Prix des engagemens.

Payement du premier tiers des engagemens.

XXXVIII.

LE *pour-boire* sera fixé à cinq livres pour les hommes de la taille de cinq pieds un pouce, de dix livres pour ceux de cinq pieds deux pouces, de quinze livres pour cinq pieds trois pouces, de vingt livres pour cinq pieds quatre pouces, & de vingt-cinq livres pour cinq pieds cinq pouces

Frais d'engagemens.

& au-deſſus; leſquelles ſommes ſeront allouées par les Intendans, aux Prépoſés, à la réception des hommes au quartier du régiment de recrue.

XXXIX.

Certificats d'engagement.

LES Prépoſés, en recevant les engagemens dans la forme ci-deſſus preſcrite, délivreront aux nouveaux enrôlés des certificats d'engagement de huit ans, dont il leur ſera envoyé des exemplaires, ſur leſquels ils rempliront le ſignalement de l'homme enrôlé, & les différentes ſommes qu'il aura reçûes, & qui ſeront également portées ſur ſon certificat d'engagement.

X L.

Contrôle des hommes de recrue.

LESDITS Prépoſés tiendront un regiſtre journal de leur travail, & préſenteront dans les vingt-quatre heures les hommes qu'ils auront engagés, au Prépoſé principal dans l'arrondiſſement qu'ils habiteront, lui remettront les actes d'enrôlemens, qu'il viſera, & d'après leſquels il formera un contrôle ſignalé, dont il adreſſera le double chaque mois à l'Intendant.

X L I.

Gratifications aux Prépoſés.

IL ſera accordé aux Prépoſés des gratifications proportionnées au nombre d'hommes que chacun aura enrôlés; ſavoir, trois livres pour chacun des cinq & ſix premiers hommes; quatre livres pour chacun des ſept & huit; cinq livres pour chacun des neuf & dix; ſix livres pour chacun des dix & onze, & ainſi en augmentant, en proportion du travail qu'ils feront chaque année: & au moyen du traitement ci-deſſus réglé, ils ſeront chargés des frais de voyage & de tous autres menus frais.

X L I I.

Premier renvoi des hommes défectueux.
Les Prépoſés reſponſables des frais.

LES ſujets qui n'auront pas les qualités preſcrites & ſeront attaqués d'infirmités apparentes ou ſecrettes, ſeront réformés par le Prépoſé principal, & les Prépoſés ſeront reſponſables des dépenſes qu'ils auront occaſionnées; ils ſupporteront également les avances & frais qu'ils auront faits pour les hommes qui ne ſe rendront pas au quartier

du

du régiment de recrue; & les sujets qui, ayant des infirmités habituelles, seront parvenus néanmoins, en les cachant, à se faire recevoir par les Préposés, seront mis en prison & contrains de restituer les sommes qu'ils auront reçûes.

X L I I I.

LES hommes de recrue, seront conduits au dépôt particulier de chaque département par les Préposés, qui les remettront au Préposé principal, lequel sera tenu de leur en donner un reçû, & enverra à l'Intendant les actes de leur enrôlement & les papiers qui y seront relatifs.

Conduite des hommes de recrue au dépôt particulier.

X L I V.

ENJOINT Sa Majesté aux Préposés principaux, chacun dans leur résidence, de faire loger & subsister, au moyen de leur solde, dans le dépôt particulier, les hommes de recrue qui leur auront été amenés des arrondissemens de leur district; l'intention de Sa Majesté étant que lesdits hommes de recrue soient réunis en chambrées, logés comme les Soldats de ses Troupes, & vivent par-tout en bonne discipline & police.

Logement & subsistance audit dépôt.

X L V.

LES nouveaux enrôlés qui tomberont malades au dépôt particulier des recrues, seront reçûs dans les Hôpitaux bourgeois & Maisons de charité les plus prochains, & y seront nourris & médicamentés gratuitement, devant être réputés habitans de la ville; & dès qu'ils auront été admis à servir dans le régiment de recrue, ils seront reçûs dans les hôpitaux de Sa Majesté & traités comme les Soldats de ses Troupes.

Hommes de recrue reçûs dans les hôpitaux.

X L V I.

ORDONNE Sa Majesté aux Prevôts, Officiers & Bas-officiers de Maréchaussée, d'accompagner, avec leurs brigades, les hommes de recrue dans leur marche, toutes les fois qu'ils en seront requis par l'Intendant, & d'adresser à l'Intendant les récépissés qu'ils seront tenus de prendre des Commandans des brigades, auxquels ils remettront les hommes qu'ils auront accompagnés.

Maréchaussée tenue d'accompagner les hommes de recrue.

D

X L V I I.

LORSQUE l'Intendant sera instruit qu'il y aura dans un dépôt particulier un assez grand nombre d'hommes pour les faire rendre au quartier du régiment de recrue, il en informera le Commandant, qui en détachera les Officiers, Sergens, Caporaux & Appointés, qui seront jugés nécessaires pour aller prendre lesdits hommes au dépôt, & qui seront employés pendant leur absence, comme présens, dans les revûes du Commissaire des guerres.

Si les circonstances ne permettent pas d'y envoyer des Officiers & Bas-officiers, dont la présence seroit nécessaire au régiment, les hommes de recrue y seront conduits par un Préposé.

Et dans les deux cas ci-dessus, l'état de signalement desdits hommes de recrue sera remis à celui qui sera chargé de les conduire, & qui le remettra, à son arrivée, au Commandant du régiment de recrue.

X L V I I I.

POUR s'assurer que le choix des hommes de recrue sera fait de manière que les régimens dans lesquels ils doivent entrer ne puissent les trouver défectueux, lesdits hommes de recrue, à leur arrivée au quartier du régiment de recrue, seront présentés au Commandant, qui examinera d'abord s'ils ont l'âge & la taille prescrits & les qualités nécessaires pour le métier des armes; ils seront ensuite visités par le Chirurgien, en présence du Commissaire des guerres, qui dressera un procès-verbal desdits hommes de recrue que le Commandant jugera devoir être reçûs, & de ceux qui ne pourront pas l'être par un défaut de constitution ou par leurs infirmités, desquelles il sera fait mention dans ledit procès-verbal, pour servir à constater le remboursement des frais par les Préposés qui auroient mal-à-propos engagé des hommes défectueux; & ledit procès-verbal sera signé par le Commandant, conjointement avec l'Aide-major, les Capitaines & le Commissaire des guerres, qui en adressera un double au Secrétaire d'État ayant le département de la guerre.

X L I X.

LES hommes de recrue qui n'auront pû, par leurs infirmités ou défaut de constitution, être agréés par le Commandant du régiment de recrue, seront renvoyés par-devant
l'Intendant, qui leur expédiera des congés absolus & y marquera les raisons qui les rendent incapables de servir; &
ledit Intendant ordonnera ensuite, sur les Préposés, la
retenue de tout ce que ces hommes auront coûté pour
frais d'enrôlement; voulant Sa Majesté que le signalement
desdits hommes réformés soit envoyé à tous les Préposés,
afin d'éviter les nouveaux engagemens des mêmes hommes.

Second renvoi des hommes défectueux.

L.

A l'égard des hommes de recrue qui auront été reçûs au
régiment de recrue, ils seront distribués par l'Aide-major
dans les différentes escouades, & inscrits sur le contrôle de
chaque compagnie, où seront leur signalement, la date
de leur engagement qui doit en fixer la durée, l'argent
qu'ils auront reçû à compte de leur engagement; il marquera aussi sur ce contrôle, si lesdits hommes ont déjà
servi; & si quelques-uns avoient des motifs pour entrer
de préférence dans tel ou tel régiment, il en sera mention
sur le contrôle.

Admission & enregistrement des hommes au régiment de recrue.

L I.

LE Commandant fera délivrer ensuite aux nouveaux
hommes de recrue le second tiers de leur engagement
en présence du Commissaire des guerres, & leur sera
donner à chacun deux chemises de toile, un col noir, une
paire de souliers, une paire de guêtres noires, une culotte,
un chapeau, une veste, un habit, un havresac, un fusil,
une bayonnette, une giberne & un ceinturon.

Payement du second tiers des engagemens.
Distribution de l'habillement & armement.

L I I.

LE Commissaire des guerres chargé de la police du régiment de recrue, entretiendra continuellement correspondance avec l'Intendant, & l'informera régulièrement de
toutes ses opérations, en lui envoyant une copie des procès-
verbaux qu'il sera tenu de dresser dans toutes les occa-
sions, pour constater le nombre des nouveaux hommes

Correspondance du Commissaire des guerres avec l'Intendant.

qui arriveront au régiment de recrue, les fournitures &
avances qui leur seront faites, les hommes qui seront réformés, ceux qui seront envoyés aux régimens, ceux qui
viendront à mourir ou à déserter, ou qui entreront dans
les hôpitaux, afin que ledit Intendant soit instruit gé-
néralement de tout ce qui aura rapport à la finance du
régiment de recrue.

L I I I.

Instruction des hommes de recrue.

LA première attention du Commandant de chaque
régiment de recrue, sera d'instruire tous les hommes de
recrue de leurs différens devoirs, & des peines qu'ils en-
courroient, s'ils venoient à y manquer; il leur fera lire à
cet effet les ordonnances par les Officiers & Bas-officiers de
leur compagnie, qui auront soin de les leur expliquer pour
les leur faire mieux comprendre; lesdits hommes seront
ensuite dressés aux exercices, & disciplinés conformément
à ce qui est prescrit par les ordonnances.

L I V.

Exercice desdits hommes de recrue.

ILS seront exercés séparément tous les jours par le
Caporal ou l'Appointé de chaque escouade, & successive-
ment par le Sergent de chaque section, par le Lieutenant
& le Capitaine qui ne pourront jamais, sous quelque prétexte que ce puisse être, se dispenser d'assister aux exercices.

L V.

Fonctions des Aides-major & Sous-aides-major de chaque régiment de recrue.

L'AIDE-MAJOR de chaque régiment de recrue sera
chargé des deniers & de tous les détails, ainsi que de la
discipline, de la tenue & des exercices, & sera aidé dans
ses fonctions par le Sous-aide-major qui lui sera subor-
donné; ledit Aide-major tiendra un registre de l'emploi
des deniers qui lui seront confiés, & ledit registre sera
visé & paraphé par le Commissaire des guerres.

L V I.

Appels & visites des hôpitaux & casernes.

ON suivra à l'égard des régimens de recrue tout ce
qui est prescrit par les ordonnances concernant les appels,
les visites d'hôpital & celles des casernes, de manière que
les appels soient toûjours faits avec la plus grande exac-
titude par les Sergens des compagnies, chacun dans leur
section,

section; que les Lieutenans visitent deux fois par jour les chambrées de leur compagnie, pour voir si les Soldats font ordinaire, sont bien tenus, s'ils ont soin de leurs armes, & si tout se passe en règle, afin de pouvoir en rendre compte au Capitaine, lequel sera obligé de faire lui-même une autre visite tous les jours, & de rendre compte de la sienne & de celle de son Lieutenant au Commandant du régiment de recrue, afin qu'il soit pourvû par lui à ce qui sera jugé nécessaire.

L V I I.

LES régimens de recrue se conformeront en tout aux ordonnances concernant l'Infanterie, mais ils ne pourront, en temps de paix, être assujétis à d'autre service qu'à celui de fournir une garde de police dans l'intérieur de leur quartier, laquelle sera en proportion du nombre des hommes dont chaque régiment de recrue sera composé.

Lorsqu'il n'y restera que les Bas-officiers, la garde sera d'un Caporal & de trois hommes:

D'un Caporal & de douze hommes, lorsque les escouades seront de quatre hommes:

D'un Sergent & de dix-huit hommes, lorsqu'elles seront à huit hommes:

D'un Sergent & vingt-quatre hommes, lorsqu'elles seront à douze hommes:

D'un Lieutenant & trente-six hommes, lorsqu'elles seront à quinze hommes & au dessus.

Toutes les fois que cette garde sera commandée par un Lieutenant, elle fournira une sentinelle au Commandant du régiment de recrue.

Lorsque cette garde sera commandée par un Bas-officier, elle ne fournira point de sentinelle au Commandant.

L V I I I.

L'INTENDANT donnera une attention particulière au prix des denrées dans le quartier du régiment de recrue, afin que le Soldat puisse y vivre au moyen de sa solde, & que les Officiers & Bas-officiers puissent également y subsister.

L I X.

Défenses de donner des congés aux hommes de recrue.

DÉFEND Sa Majesté aux Capitaines & autres Officiers des régimens de recrue, de donner verbalement ou par écrit aucun congé absolu ni limité aux hommes dont lesdits régimens seront composés, à peine d'être cassés: Sa Majesté voulant que dans le cas où quelqu'un desdits hommes de recrue ou des Bas-officiers auroit besoin de se rendre pour quelque temps dans sa famille, le Commandant ne puisse le lui permettre sans le consentement de l'Intendant, lequel donnera des ordres pour le faire rejoindre à l'expiration de son congé.

L X.

Peines contre les déserteurs.

SI quelqu'un des nouveaux Enrôlés venoit à quitter sans permission, le dépôt particulier ou le quartier du régiment de recrue, veut Sa Majesté que le signalement en soit donné au Prevôt de la Maréchaussée, pour être poursuivi & puni suivant la rigueur des ordonnances rendues contre les déserteurs.

Ordonne à cet effet Sa Majesté qu'il soit donné aux brigades de Maréchaussée qui auront été employées à la capture desdits hommes de recrue, par gratification sur le fonds desdites recrues, trois livres pour chacun des cinq & six premiers hommes qu'elles arrêteront chaque année, quatre livres pour chacun des sept & huit, cinq livres pour chacun des neuf & dix, & ainsi en augmentant en proportion.

Veut Sa Majesté que la même gratification soit payée à tout particulier qui arrêtera des hommes de recrue déserteurs.

L X I.

Désignation des hommes de recrue pour chaque espèce de troupe.

LES hommes dont les régimens de recrue seront composés, étant destinés à entrer dans l'Infanterie, la Cavalerie, les Dragons, les Troupes-légères & l'Artillerie, les Commandans jugeront des dispositions & des qualités qu'auront ces hommes pour entrer dans ces différens corps, informeront tous les mois le Secrétaire d'État ayant le département de la guerre du progrès que lesdits hommes auront fait dans l'exercice, en lui envoyant des états distincts & séparés des hommes qu'ils auront désignés pour chaque espèce de troupe.

LXII.

LORSQUE Sa Majesté jugera à propos de faire rendre des hommes de recrue aux régimens qui en auront besoin, Elle règlera sur les états particuliers qui auront été adressés au Secrétaire d'État ayant le département de la guerre, ceux desdits hommes qui auront été désignés pour les différentes Troupes, & fera adresser au Commandant du régiment de recrue les routes nécessaires pour conduire lesdits hommes à leur destination; lesdites routes porteront rétrogradation au quartier du régiment de recrue, pour les Officiers & Bas-officiers seulement, & pour les brigades de Maréchaussée qui accompagneront lesdites recrues; les uns & les autres recevront l'étape en allant & en revenant.

Envoi des hommes de recrue aux régimens.

LXIII.

LES détachemens d'Officiers & de Bas-officiers qui accompagneront les divisions de recrue, du quartier du régiment de recrue au régiment auquel elles seront destinées, seront composés, savoir, d'un Caporal & d'un Appointé pour vingt hommes; d'un Sergent, d'un Caporal & d'un Appointé pour quarante hommes; d'un Lieutenant, d'un Sergent, deux Caporaux & deux Appointés pour soixante hommes; d'un Capitaine, un Lieutenant, deux Sergens, quatre Caporaux & quatre Appointés pour cent hommes.

Détachemens pour accompagner les hommes de recrue.

LXIV.

LE Commandant de chaque détachement, sera porteur de l'état de signalement des hommes de la division dont il sera chargé, lequel état sera fait double, pour l'un être remis au Commandant du régiment qui recevra la division, & l'autre pour être rapporté par lui au régiment de recrue, avec le récépissé du Commandant du régiment, qui sera mis au bas dudit état, & servira à constater non seulement le

Double état des signalemens remis au conducteur des recrues.

jour que ladite division aura été remise à sa destination; mais encore la retenue qui devra être faite des huit deniers de linge & de chaussure, pendant tout le temps de la marche des hommes de recrue, laquelle retenue sera mise en augmentation à la Masse de l'habillement.

L X V.

LE Commissaire des guerres chargé de la police du régiment de recrue, avant le départ de chaque division, dressera l'état de signalement des hommes dont elle sera composée, pour être remis double, comme il est dit ci-dessus, à l'Officier ou Bas-officier qui sera chargé de la conduire; & il fera faire, à chacun des hommes dont elle sera composée, le décompte de ce qui lui sera dû de solde, linge & chaussure, jusqu'au jour du départ; fera sa revûe au dos de la route, pour servir à la fourniture de l'étape, & en adressera copie au Secrétaire d'État ayant le département de la guerre.

L X V I.

CES hommes de recrue n'emporteront avec eux que la veste, la culotte, les guêtres, le chapeau & l'havresac; le reste de leur habillement, ainsi que l'équipement & l'armement, resteront au régiment de recrue, pour servir à d'autres recrues.

Les hommes qui seront destinés à la Cavalerie, aux Dragons ou à l'Artillerie, quitteront leur veste & culotte blanches, & en prendront de rouges pour l'Artillerie, & de couleur de chamois pour la Cavalerie, les Dragons & les Troupes-légères. Il sera remis, à cet effet, un certain nombre de vestes & de culottes de ces différentes couleurs au quartier du régiment de recrue, pour être distribuées aux hommes de recrue de ces différens Corps, à leur départ du quartier pour le Corps auquel ils seront destinés.

L X V I I.

ENTEND Sa Majesté que les Officiers & Bas-officiers, chargés de conduire les hommes de recrue, soient employés comme présens, pendant leur absence, dans les

revûes

revûes des Commiſſaires des guerres, & que le décompte de leurs appointemens & ſolde leur ſoit fait à leur retour.

L X V I I I.

LORSQUE les routes feront paſſer leſdites recrues dans des provinces où l'étape n'eſt pas établie, il leur ſera donné, du fonds de la Maſſe des recrues, un ſupplément de ſolde d'un ſol par jour pour chaque Soldat, de trois ſols pour chaque Appointé, de quatre ſols pour chaque Caporal, & de huit ſols pour chaque Sergent.

Supplément de ſolde dans les lieux où il n'y a point d'étape.

L X I X.

L'ÉTAPE ſera laiſſée pour les hommes reſtés aux hôpitaux de la route, & il leur ſera remis un certificat de convaleſcent, au dos duquel la route ſera tranſcrite, afin que leſdits hommes puiſſent rejoindre le régiment dès qu'ils ſeront en état de ſe mettre en marche.

L'étape laiſſée en route pour les convaleſcens.

L X X.

L'OFFICIER ou Bas-officier chargé de la conduite des recrues, les préſentera, à leur arrivée, au Commandant du Corps auquel elles auront été deſtinées, en lui remettant un des deux contrôles de ſignalement dont il ſera porteur, afin que ledit Commandant examine ſi les hommes qui lui ſeront préſentés, ſont les mêmes que ceux portés ſur le contrôle, & qu'il puiſſe mettre au bas du ſecond contrôle, dont le conducteur de la diviſion ſera porteur, un récépiſſé détaillé du nombre d'hommes qui auront été amenés, en faiſant mention de ceux qui ſe feront perdus pendant la marche, & de ceux qui feront reſtés aux hôpitaux de la route, & dont le conducteur lui remettra les certificats qu'il aura pris des Directeurs deſdits hôpitaux.

Remiſe des hommes de recrue au régiment.

L X X I.

AU retour de l'Officier conducteur, le contrôle au bas duquel ſera le récépiſſé du Commandant du régiment, ſera remis au Commandant du régiment de recrue, & adreſſé par lui au Secrétaire d'État ayant le département de la guerre.

Récépiſſé des hommes de recrue remis au Commandant du régiment de recrue.

F

L X X I I.

LES hommes de recrue feront partie du régiment dans lequel ils entreront, à commencer du jour de leur arrivée audit régiment, & le Commandant du régiment les fera diftribuer dans les compagnies, fans cependant les faire habiller avant que l'Officier général, qui en fera la revûe, ne les ait examinés, & n'ait jugé s'ils doivent être confervés dans le Corps.

L X X I I I.

DÈs que ledit Officier général aura fait l'infpection des hommes de recrue, il leur fera prêter ferment entre fes mains, à la tête du régiment en bataille, fur les Drapeaux ou Étendards, qui feront réunis à cet effet. Lefdits hommes de recrue jureront, qu'ils *obéiront aux ordres de leurs Officiers & Bas-officiers; qu'ils ne quitteront jamais la troupe dont ils feront, dans quelque occafion que ce foit; & que voulant fervir Sa Majefté avec honneur & fidélité, ils ne déferteront point.*

L X X I V.

ILs feront enfuite infcrits fur le contrôle du régiment, où le Major aura attention de faire porter leur fignalement le jour de leur engagement, & les différentes fommes qu'ils auront reçûes; le tout conformément à l'état de fignalement qui aura été remis à leur arrivée. Le Major leur fera délivrer enfuite, en préfence du Commiffaire des guerres, le troifième tiers de leur engagement, le furplus de l'habillement & de l'équipement dont ils auront befoin, & l'armement.

L X X V.

QUANT aux hommes de recrue que l'Officier général jugera indifpenfable de réformer, il leur fera expédié des congés limités de réforme, fur lefquels les motifs de leur renvoi feront expliqués. Lefdits congés feront fignés de l'Officier général, du Commandant du Corps, du Major, & du Capitaine de la compagnie dont feront les Soldats réformés; & il leur fera donné deux fols par lieue, pour leur procurer les moyens de fe rendre chez eux: ils fe préfenteront, avant d'y arriver, à l'Intendant de la province, qui leur remettra leurs congés abfolus, que le Major lui aura adreffés à cet effet.

LXXXVI.

Si ces congés de réforme regardent des hommes de recrue de la Cavalerie, des Dragons ou de l'Artillerie, il ne leur fera point délivré de congés abfolus, mais ils feront renvoyés au régiment de recrue qui les aura fournis, & il en fera envoyé des états au Secrétaire d'État ayant le département de la guerre, qui fera connoître les intentions de Sa Majefté fur la deftination defdits hommes.

Réforme defdits hommes dans la Cavalerie, les Dragons, ou l'Artillerie.

LXXXVII.

LES hommes de recrue qui feront réformés par l'Officier général, lors de la revûe d'infpection, ne devant l'être que fur une incapacité avérée de fervir, ledit Officier général examinera fi les infirmités defdits hommes leur font furvenues depuis leur engagement, & en rendra compte au Secrétaire d'État ayant le département de la guerre, qui prendra les ordres de Sa Majefté pour faire punir le Commandant du régiment de recrue, fi la réforme defdits hommes étoit occafionnée par la négligence & le peu de foin que ledit Commandant auroit apportés à en faire le choix.

Examen des caufes de la réforme defdits hommes.

LXXVIII.

VEUT Sa Majefté que depuis le 15 Avril jufqu'au 15 Octobre de chaque année, il ne foit donné aucune permiffion de s'abfenter à aucun Sergent, Maréchal-des-logis, Brigadier, Fourrier, Caporal, Appointé, Carabinier, Tambour ou Trompette, Soldat, Cavalier ou Dragon; permettant feulement que pendant l'hiver, il foit accordé aux Soldats de fes Troupes des congés limités, à raifon de deux hommes par efcouade, & d'un Sergent ou Maréchal-des-logis par compagnie; lefquels Bas-officiers & Soldats ne pourront prétendre, à leur retour, que la moitié de la folde de leur abfence, l'autre moitié devant être remife à la Maffe; & il ne leur fera fait, en conféquence, aucune avance pour leur départ.

Époque de la délivrance des congés de femeftre.

LXXIX.

LESDITS congés limités feront approuvés par l'Officier général, vifés par le Commiſſaire des guerres, qui fera tenu de les inſcrire fur un regiftre particulier qui contiendra la date, la durée defdits congés, & le retour defdits Soldats, & il en adreſſera l'état chaque mois au Secrétaire d'Etat ayant le département de la guerre; l'intention de Sa Majefté étant que lorfque le régiment devra marcher, ce regiftre foit remis par le Commiſſaire des guerres, dans une enveloppe cachetée, au Major ou à l'Officier chargé du détail, qui fera tenu d'en remettre le paquet dans le même état au Commiſſaire des guerres de la nouvelle garnifon ou du quartier où la troupe fe rendra.

LXXX.

LES congés abfolus des Soldats, Cavaliers ou Dragons qui auront accompli les huit années de leur engagement, leur feront délivrés à la revûe d'infpection du mois de Septembre, qui fera faite chaque année par l'Officier général que Sa Majefté commettra à cet effet; voulant Sa Majefté qu'ils ne puiſſent être retenus plus long-temps au fervice, s'ils ne redoivent rien à la Maſſe de leur régiment.

LXXXI.

CES congés abfolus, ainfi que les congés limités & les congés de réforme, feront expédiés conformément aux modèles qui feront joints à la préfente ordonnance, approuvés comme il eſt dit par l'Officier général, vifé par le Commiſſaire chargé de la police du régiment, qui fera tenu de fe trouver aux revûes d'infpection de l'Officier général.

LXXXII.

LES Soldats qui ne feront pas porteurs de congés dans cette forme, & qui le feront de congés frauduleux, feront arrêtés par la Maréchauſſée, & tenus de rejoindre leur régiment; voulant Sa Majefté que les Officiers qui auroient expédié ces congés frauduleux, foient privés de leurs

emplois,

emplois, & que les congés foient envoyés au Secrétaire d'État ayant le département de la guerre.

LXXXIII.

Tout Soldat, Cavalier ou Dragon qui obtiendra un congé abfolu à l'expiration du temps de fon fervice, recevra le décompte de tout ce qui lui fera dû jufqu'au jour de fon départ, & il emportera fon chapeau, fon habit, fa vefte, fa culotte & fon havrefac.

Décompte aux Soldats congédiés.

Le Commiffaire des guerres dreffera un procès-verbal de tous les Soldats qui obtiendront des congés abfolus, marquera le jour qu'ils devront ceffer de recevoir la folde, & enverra ledit procès-verbal au Secrétaire d'État ayant le département de la guerre.

Procès-verbaux des congés donnés.

LXXXIV.

Si pendant les deux dernières années de l'engagement d'un Soldat, Cavalier ou Dragon, il defire de renouveler fon engagement pour huit années, il s'adreffera au Major du régiment, qui après avoir jugé fi c'eft un homme à conferver, conviendra avec lui de lui donner pour prix de ce fecond engagement, favoir, trente livres à l'expiration du premier, & trente livres au commencement de la cinquième année du fecond engagement ; & ledit Major informera le Secrétaire d'État de la guerre de tous les rengagemens qu'il fera, & dont le Commiffaire des guerres fera tenu de faire mention dans fes revûes.

Rengagemens, & prix defdits rengagemens.

Les avances que le Major fera pour lefdits rengagemens, lui feront rembourfées du fonds de la Maffe des recrues.

LXXXV.

Tout Soldat qui, après avoir fervi pendant huit années, fe retirera chez lui & non ailleurs, avec un congé en bonne forme, le fera enregiftrer *gratis* au Greffe de fa paroiffe, & ne pourra être obligé de tirer au fort de la Milice, qu'après que tous les hommes de ladite paroiffe fujets à y tirer, auront rempli leur fervice dans ladite Milice.

Prérogatives accordées à ceux qui auront fervi huit ans.

LXXXVI.

Celui qui, après avoir fait & rempli un fecond engagement de huit ans dans le même régiment,

A ceux qui en auront fervi feize.

obtiendra son congé pour se retirer chez lui & non ailleurs, sera pour toûjours dispensé de tirer au sort de la Milice ; & il lui sera payé chaque année la moitié de la solde dont il jouissoit en servant; il lui sera de plus délivré tous les huit ans un habit de l'uniforme du régiment dans lequel il aura servi.

L X X X V I I.

A ceux qui en auront servi vingt-quatre.

CELUI qui, après avoir rempli trois engagemens dans le même régiment, voudra se retirer du service, aura l'option d'être reçû à l'Hôtel des Invalides, ou de se retirer chez lui & non ailleurs, avec sa solde entière; & il lui sera délivré tous les six ans un habit de l'uniforme du régiment dans lequel il aura servi.

L X X X V I I I.

Soldats estropiés au service, reçûs aux Invalides.

TOUS les Soldats qui seront estropiés au service, continueront d'être reçûs à l'Hôtel des Invalides comme par le passé.

L X X X I X.

Conditions auxquelles les Soldats qui auront servi dans différens régimens jouiront des mêmes prérogatives.

LES Soldats qui auront servi pendant huit, seize ou vingt-quatre ans dans deux ou trois régimens différens, jouiront des avantages accordés par les articles LXXXV, LXXXVI & LXXXVII, s'il n'y a point entre leurs différens engagemens une interruption de six mois.

MANDE & ordonne Sa-Majesté aux Officiers généraux ayant commandement sur ses Troupes, aux Gouverneurs & Lieutenans généraux dans ses provinces, aux Gouverneurs & Commandans de ses villes & places, au Lieutenant général de Police de la ville de Paris pour le régiment de recrue qui le concerne, aux Intendans dans ses provinces & sur ses frontières, aux Commissaires des guerres & à tous autres ses Officiers qu'il appartiendra, de tenir la main à l'exécution de la présente ordonnance. FAIT à Versailles le premier février mil sept cent soixante-trois. *Signé* LOUIS. *Et plus bas,* LE DUC DE CHOISEUL.

Modèles des Engagemens, Certificats d'Engagement, & des différentes fortes de Congés.

Généralité ou *Province de*

ENGAGEMENT.

JE m'engage avec M.   *Prépofé à l'enrôlement des Recrues de la généralité de*   *pour fervir pendant huit années dans les Troupes du Roi, & reconnoiffant avoir reçû la fomme de dix livres pour le premier tiers de mon engagement, & celle de*   *pour boire.* FAIT *à* le

LEDIT   a déclaré être   de fon métier, né à
le   fils de   & de   de la taille de
cheveux & fourcils   les yeux   le nez   la
bouche   vifage   marqué de   barbe

Généralité ou *Province de*

CERTIFICAT D'ENGAGEMENT.

JE fouffigné, *Prépôfé par commiffion de M. l'Intendant, à l'enrôlement des Recrues dans la* { généralité ou province } *de*   certifie *avoir reçû aujourd'hui*   *du mois d*   *de l'année l'engagement du nommé*   *pour fervir pendant huit années dans les Troupes du Roi; lequel a reçû dix livres pour le premier tiers de fon engagement, & la fomme de pour boire, ainfi qu'il eft porté fur fon engagement.*

LEDIT   a déclaré être né à   le
fils de   eft de la taille de   cheveux &
fourcils   les yeux   le nez   la bouche
vifage   marqué de   barbe

CONGÉ DE RÉFORME.

Nous

Intendant de Justice, Police & Finance en la
& Commissaire chargé par le Roi, de la levée des Recrues de
ladite   *certifions que le nommé*
     de son métier, né à   *le*   *fils de*
de la taille de   *cheveux & sourcils*
les yeux   *le nez*   *la bouche*   *le*
visage   *marqué de*   *barbe*
a été réformé par le Commandant du Régiment de Recrue de
ladite   *suivant le procès-verbal qui en a été dressé*
le   *par le Commissaire des guerres, chargé de la police*
dudit Régiment, & a été jugé incapable de servir dans les Troupes
de Sa Majesté, étant   *En foi de quoi nous lui*
avons délivré le présent Congé de réforme. FAIT à

Approuvé par nous Lieutenant général
es armées du Roi.

CONGÉ DE RÉFORME.

Nous soussignés, certifions à tous ceux qu'il appartiendra, avoir
donné congé de réforme au nommé   *dit*
de la compagnie d   *au régiment d*
natif d   *en la province d*
jurisdiction d   *âgé de*   *ans, de la*
taille de   *lequel a été jugé incapable*
de servir dans les Troupes de Sa Majesté, étant

    FAIT à   *le*   *jour du mois d*
mil sept cent soixante-

Vû par nous Commandant   Vû par nous Commissaire   Certifié par nous Major
dudit régiment.   des guerres.   dudit régiment.

INFANTERIE,
CAVALERIE
ou
DRAGONS.

RÉGIMENT de

Approuvé par nous Lieutenant général
ès armées du Roi.

CONGÉ LIMITÉ DE RÉFORME.

*N*OUS *soussignés, certifions à tous ceux qu'il appartiendra,*
avoir donné congé pour aller se présenter par-devant l'Intendant
d   au nommé
dit   de la compagnie d
au régiment d   natif d   en la
province d   jurisdiction d   âgé de   ans,
de la taille de

FAIT à   le   jour du mois d
mil sept cent soixante-

Vû par nous Commandant
dudit régiment.

Vû par nous Commissaire
des guerres.

Certifié par nous Major
dudit régiment.

INFANTERIE,
CAVALERIE
ou
DRAGONS.

RÉGIMENT de

Approuvé par nous Maréchal des camps
& armées du Roi.

CONGÉ LIMITÉ.

*N*OUS *soussignés, certifions à tous ceux qu'il appartiendra, avoir*
donné congé pour aller à   jusqu'au   prochain,
au nommé   dit   de la compagnie
d   au régiment d   natif d
en la province d   jurisdiction d
âgé de   ans, de la taille de

FAIT à   le   jour du mois d
mil sept cent soixante-

Vû par nous Commandant
dudit régiment.

Vû par nous Commissaire
des guerres.

Certifié par nous Major
dudit régiment.

H

INFANTERIE,
CAVALERIE
OU
DRAGONS.

RÉGIMENT de

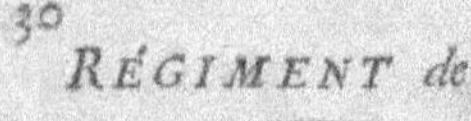

Approuvé par nous Lieutenant général
es armées du Roi.

CONGÉ MILITAIRE.

NOUS soussignés, certifions à tous ceux qu'il appartiendra, avoir donné congé absolu au nommé

du   de la compagnie d   au
régiment d   natif d   en la
province d   jurisdiction d   âgé
de   ans, de la taille de

FAIT à   le   jour du mois d
mil sept cent soixante-

Vû par nous Commandant
dudit régiment.

Vû par nous-Commissaire
des guerres.

Certifié par nous Major
dudit régiment.

A PARIS, DE L'IMPRIMERIE ROYALE. 1763.